LYRIKEDITION 2000

begründet von Heinz Ludwig Arnold[†]

herausgegeben von Florian Voß

Boris Preckwitz

Kampfansage

Gedichte und Essays

LYRIK
EDITION
2000

Weitere Informationen über den Verlag und sein Programm unter:
www.allitera.de

Weitere Informationen über die Lyrikedition 2000 unter
www.lyrikedition-2000.de

Oktober 2013
Allitera Verlag
Ein Verlag der Buch&media GmbH, München
© 2013 Buch&media GmbH, München
Lektorat: Florian Voß
Printed in Europe · ISBN 978-3-86906-588-5

INHALT

»Denn die Waffen sind nichts anderes als das Wesen der Kämpfer selbst«

G.W.F. Hegel

KAMPFANSAGE

Langgedicht

SPELL AUS DEM SELBSTGESETZ

Es ist an der Zeit,
            ein Leben in Freiheit
        am Staat vorbei
            zu gestalten !
Ich bin
        auf Seiten all derer,
                    die dazu bereit,
den schweren Weg
            zu beschreiten.
        Ihr seid
            die meinen.

Den anderen aber:
            jenen im Jasagerlager,
den Jaraffern,
            die im Tarnschwafelschmarrn
        von *alten Tafeln*
                das Land
                        um den Verstand ramschen,
sag ich mit diesem Tage
                den Kampf an.

Jetzt ist
        zu entscheiden:
                die Wahl der Waffen –

und ich begreife,
        mehr als die Wahl zu treffen,
   gilt es:
      ihr Geltung verschaffen!

Also verfüge ich,
        aus den Jahrtausendweiten
   von Raum und Zeit
        gelte der Spell,
verwandle im Wort
      meine Sprache
        in Streitkraft,
Zeile für Zeile, die ich entreiße
        den eisernen Kiefern
        von Werktag und Tagwerk.
So härte ich mir
      im Daseinskampf Tatwort
          zu Tatwerkzeug –
  Kraft   meiner   Kunst !

SPELL GEGEN
DIE PHRASENBLASE

Erste Kampfhandlung:
      gegen die Japrahler –
  im Saale der Sonntagsreden,
        wo sitzverteilt
  der Schwarmschwachsinn
      sich die Gewalt gibt.

Aus ihren Schallzentralen
protzt es: P.r.o.g.r.a.m.m. –
(im Klartext,
frotzelt Brigade Blaumann:
– die abgeranzte Kette
auf einem Kranz ohne Zahn.)
Geflachst wär noch harmlos !
Statt innerem Hader
den Handgriff ans Werk !
Es ist schon ein Kampf,
nicht maßlos zu werden
in der Verachtung,
da alles, was hochtrabt,
als Apparat des Versagens das Land narrt.
Weshalb denn
Achtung haben
vor denen,
die sich in Abrede stellen ?
Beschlossene Sache
ward ja
die Selbstabschaffung
dem Pack im Plenartrakt !
Warum da nicht gleich:
Statt Bankster
an der Bazooka –
die *Leninisten mit Knarren* ?
Von mir – kein Mandat
für die Fraktionen der Abnickdackel.
Was da nämlich prangt
am hohen Portal
ist die tiefrote Zahl.

Jaschranzen – was ihr auch sagt,
es gelangt
in meine Schlagdistanz.
Wo immer ihr euch
zur Wahl stellt,
gelte die Stimme
einer Partei der neuen Zeit.
Denn:
ganz das Gegenteil von Freiheit
ist der Staat.
Das halte ich
schon auseinander!

Nicht Staat ist mir Heimat,
Heimat ist mir mein Land,
ist mir die Seelenlandschaft
weit mehr
als Verfassung: Deutschland
: Heimstatt
: Herzland.
Werkstatt des Willens,
so vieler Menschenleben
Lebenswerk aller Zeiten,
das ich mir zu eigen mache,
bist mir der freie Geist,
im Seinsgrund der Sprache,
und jetzt
in die Wege zu leiten.

Steht doch der Tag
    schon hoch in der Reife
        zur Propaganda der Tat –
  dass Schlagkraft gestalte
      die Sichel zum Speerblatt,
und in der Furche des Feuers
    sich rüste:
      Pflugschar zu Schwert.

SPELL NACH DER DEUTUNGSMACHT

Kampfhandlung zwei:
    Damit trete ich ein
in den Rechtsraum
    des Aufstands.
Und weil
  Souverän ist,
    wer über den Ausnahmezustand entscheidet,
berufe ich
  mit diesem Schriftsatz –
    den Volksmund
    zum Sprachpartisanen –
gegen die Angstwarte
    in den Etagen des ewigen »Aber« –
! Blattwatsche
  gegen die Hohlgassknaller
    des Alarmismus,

gegen den plappernden Atlantiknatschnatsch,
nachgeplappnatscht von der Anstaltskamera um Acht,
gegen die Sabbelbabbler, dich Hannebambel in brav,
dich Talktratsche Haderkatz am Rande der Quasselbande,
dich Lackel Kanzlernatz von Atze Axel,
gegen euch, tazlige Schlapfzapfis,
Kappeskarl und Klaterbartel
          beim Karten
             mit ganz kleinem Karo.
War das schon alles,
          was ihr draufhabt an Deutungsmacht ?
Tatsache ist,
      sie passen nicht mehr
             eure alten Raster !
Für mich
      ist es Schall und Schmauch
                was irgendein Kanzlerblatt
     an Staatsmannsgarn
            über den Warften von Kampen flaggt.
Denn es langt !
      Denn viel zu lange reicht schon
      die Achse des Metaxa-Paktes
            in den Piräus des Nordens,
wo fleißschreibt
        der lütte Herr Zeilenzar
              für die eigene Zunft ...
soll seine feile Korrektheit
          ruhig keifen:
Wer sich dem Gestern
        als Geisel andient,
           hat keine Zukunft.

Wertes Impressum,
            wer Meinung verbreitet
                        und Wahrheit verschweigt,
      dem knallt der Leserkommentar
            nen Satz Vernunft
                        an den Latz.
Denn wer nennt
            die Dinge beim Namen?
Wer liefert
      die treffende Schlagzeilen
      für diese Tage ?
                  Die Stimme der Straße.
Mit ihrer Schlagzahl
            ist bestens verfasst,
                        was ich zu sagen habe:
      Kunst kann
                  nur Kampfansage sein!

SPELL ÜBER DAS
BÜCKSTÜCK

Nächste Kampfhandlung
                  ist *das Herausarbeiten MEINER*
                        aus dem Bestehenden.
Ich erkläre
            für nichtig den Irrsinn
                        all eurer Zurichtungen
      und Züchtungsprojekte im Menschenzoo
                        des bürgerlichen Subjekts.

Seht doch, der Bürger, das Bückstück,
                in seinen Coaching-Zonen,
da, seht:
    im Zwang von Zugriffsverwaltung
                und Kommandozeitkonzepten
  in 360 Grad Selbstüberwachung,
                der Mensch
           als des Menschen Wärter.
Wie dieser Leibesmittenknicker –
              innerlich den Dienst längst quittiert,
bevor er die Zierde des Hauses zerknipst und die Knirpse murkst.
»Bis zuletzt Herr seiner Netzplantechnik. Zu vollsten Zufriedhofung,
Bezirksdirektion und Belegschaft«
            (kann dann so raus, ergänzen Sie bitte: untröstlich).

Geht in die Rehabs,
          Schlafambulanzen
                und Pharmagenesungsfarmen!
schluckt eure Denkprothesen,
           während Zelle für Zelle
    betazerblockt
        dem eigenen Verrecken verfällt.
Szenenwechsel:
Vermisst wird seitdem. Zuletzt gesehen.
Zwischen Demenz und Defibrillator in
Bad Zuffengodes Schmargenstarnursel
und West-Pöselgönne –
         Hinweise bitte dankend an Chiffre . . .
blinzt Frau Dr. Witwe
        mit skalpellierten Lidern –

ob sie echt denkt,
   mit dem Fitzel Lifting
  hätte der Schnitter
    bei Leibe gestillt seinen Appetit ?
 Gibt gleich Dessert
   in Doppel-D,
    verrät das Familiensilber,
und artig
  mit Stielchen rechts gedeckt
    trägt ihm Silicon Sissy
 das Konfektbesteck in den OP . . .

Ach, Bürgertümelchen,
ach, du klitz Hühnchen
der Gallery Weekends,
hat wieder zu mehr nicht gereicht,
als zum Haken am Ende der Hängung.
    Quetscht euch ins Menschensortiment,
geht, dingt euch
   in die Besamungspraxen
    und Verpaarungsportale,
wo das studierte Weib
   in aller Pein und Biederlappigkeit
  seine Anpassung
   an das Wesen der Ware herausschreit.
Szenenwechsel:
wie Spießers Paradies mit Vierradantrieb
wieder vorm Biomarché
   den Rückwärtsgang einlegt,

schickern so Privilegienmuschis
mit Käffchen shakerato
und Kollwitzer Kirsch
in ihre digitalen Alkoven
–klick–
Elternfreizeitgehege 10435 Berlin mit
–klick– Sidonie-Friedhelmine –klick– Lili Talulla –klick– Aloe Vera
–klick– Nepomuk Habakuk Huck –klick–
–klickklick– Familienaufstellung –
ganz reizend fossil,
wie Assel Wanz und Schabenschwanz
im Plattenkalk von Solnhofen.

SPELL VON DEN
ALTEN LEIERN

Handeln! Handeln! Das ist es,
wozu wir da sind.
Kommen wir gleich mal
zu euch,
Wispergilde herbarer Belege,
Rispenlisplerinnen
immergrüner Experimente in mürb,
jetzt presst doch einmal
in eure Poesen
die Pestilenz
der Berlusconia Bungabungensis!
Und er dort,
Salonbarde
der albertinischen Abgußsammlung,

hat ja bei aller Staatskünstelei
                    noch gar nicht gehüstelt
       den Inseln
          der lebenden Toten –
                    noch gar gehinkeverst,
wie flink geheilt das schwachsichtige
                    Zakynthos.
Und ist denn
       die glitzernden Mole
                    von Limassol Ismailowskaja
       euch Messies der Metamorpheme
                    so gar keine Ode wert ?
Was soll man auch sagen
                    zu jenem Kadaver von Staat,
der nicht einmal weiß,
                    wieviele Amtsdiener ihm in den Koben koten.
Zeusboy Killerkeule
                    spülte mit Flüssen
       die Gülle übern Zenith –
                    inzwischen
       reicht kaum ein Meer
                    für den Mist
                              der ionischen Küsten.
Herrschaftszeiten –
                    das ist der Breitengrad,
wo man seit Platons Pleiten
                    scheitert am Staat !
Dort schweigt
          des Orpheus Höflichkeit.
                    Stattdessen klimpern
       sich selbst die Seuchen
                    am Gestade Fakelakistans
                              ihren Preis:

»Günstig, wer sich ins Amt schmiert,
denn er kriegt als Rabatt Amnestie.«

Kein Einzelfall –
        die Strafvereitelungen, reihenweise,
Verträge gebrochen
           bevor noch besiegelt –
                    da johlte der Füller,
flugs noch zur vollen Billiarde
              das Tröpfchen Tinte gespritzt.
Wirklich, wer dachte,
        der Pleitenpalaver
                sei nicht zu steigern,
wird schon jahraus tagein
            des Schlechteren belehrt:
»Wissen von keinem Antrag«,
              dreht gerade am Eingangsstempel.
»Heben die Fantastilliarden
           nicht ab«,
fällt morgen ein:
      »Lieber in kleineren Scheinen.«

Schwer zu entscheiden,
           welches von Dutzenden Lügen
      war noch gleich
           das dreckigste Dutzend?
»Haben keine Zahlen ergaukelt«,
              rückt raus:
                »Nur die Stellen vorm Komma.«

»Zahlen alle Schulden zurück«,

                zuckt Schultern und Zwerchfell

                    zum »FU€K EU«.

Und jede Tranche

        in die Taverne zeitigt

                den dreisten Schrei nach mehr.

Doch Arbeit ? Fehlanzeige !

                Selbst Vetternwirt Sancho

    will sich die Schwarzekassenschwarte

                    nicht weiter geißeln

    für die Quijoterien der Mancha.

Europa,

        das ist die politische Lüge,

das Fass ohne Boden

            fürs große Geprasse.

Europa,

        das sind die Versorgungsbezüge

                  der Herrn Bürokraten

                  und Wahlmonegassen.

Noch etwas Vergütung dafür,

            dass der Fürbittsegen

    des Brüsseler Byzantinismus

                das letzte Gürkchen beglückt ?

Doch manchem

        will's gar noch nicht reichen,

und nur noch der knüllgrüne Müfti

halluziniert sich zum Blutmond

            das Kürzel EU

                an den Euphrat . . .

so weit . . . bis zur syrischen Wüste . . .

            muss er nicht gaffen,

schon südlich der 45. Breite

                ist Opas Europa gescheitert.

Uns wurden gezeigt

           die Geisterstraßen a la mediteranée,

                          ich sah:

das Wasserkraftwerk ohne einen Tropfen

                  (Tanti Saluti – la Commune di Camorra),

Allen ersichtlich die Betongoldgerippe

                von Banco Blanca

   sich pulverisieren

          in iberischer Agrarsahara:

zwischen Flüssen aus Geröll

           und Staubzisternen

                    unter Golfplatzgrün.

Euch aber, liebe Spendiergriechen

                vom Bündnis Regenbogen,

euch bunten Kumpels

          des Kaputtverschuldens

      nuschelt noch immer Gnom Kobold

                  die Losung ins Ohr:

»Knipst nur das Himmelsprisma an,

              schon glitzert im Töpfchen das Gold.«

Potz Blitz !   Wie das ?

        Silber gefressen

              und Kobalt geschissen ?

Es treibt ja

      den wackren Alkalden

            von Cartagena

            Catanzaro

            Kalamata

        nicht grad den Saft in die Achsel,

ob da ein Ukas
          aus Grande Quasselstadt
                    auf der Faxwalze knastert.
Ihr, Paragrafenapparate
               mit euren Phrasenattrappen,
     vergesst mal
               die alten Aberglaubensartikel !
Denn ich
     bringe gegen euch
               meine Sprache
                         in Anschlag.

                              SPELL WIDER DEN
                              WAHNMARKT

Szenenwechsel: – Invalidenstrasse !
Für mich
     ist es null und nicht
                    wie irgendein Wirtschaftsweislein
          auf Zockers Geheiß
                    den Most holt.
Noch, wie die C-Suite
                    beim Buckeln für Bonus
                              sich Lob zollt:
»Selig ist der,
          der sich Zaster
                    aus heiterem Himmel bewilligt,
ihm billigt der Staat
               aus Kapital Macht zu schlagen.

Glücklich die Gierigen,
          die ihrer Nachbarn Früchte pflicken,
sie werden erachtet
          für rettungswürdig.«
Willkommen im Wucher,
          wo alle Zahlungsphantasmen
                    der Zukunft
     ein strahlendes Nichts
               in den Handelstag hebeln,
während im Gärtlein
          von Mr Diamond, Delaware,
     des Satten Schwein
               sich reinschmatzt
                    das Saatgut der Armen.
Hab selig
     den Habenichts,
               der immer noch glaubt dem System –
ihm soll die Diktatur des Kapitals
                    ein Himmelreich an Elend werden.
Kaum, dass der Korken
               des Bankenkartells
                         um die Welt knallt,
kommt wieder der Bilderberger und schwätzt
                         »Die Rendite, it's me« –
schon klar, Herr Bankier,
                    die dicke Windel will stinken.
Lass raten:
     Deutsche Bank: Vertrauen in Ramsch
     Barclays: Die Zinker im Leitzinscasino
     HSBC: Bienvenidos Narcodollars

UBS: In allen Steueroasen ihr Partner
Standard Chartered: Mullah darf waschen
Hypovereinsbank: Wir plündern den Fiskus
Die Bank
steckt nicht in der Krise:
die Bank ist die Krise:
verstaatlicht: Lloyds
verstaatlicht: Bankia
verstaatlicht: Dexia
verstaatlicht: Anglo Irish Bank
verstaatlicht: Hypo Alpe Adria
verstaatlicht: SNS Reaal
verstaatlicht: HRE
verstaatlicht:
du, Michel mit Steuernummer,
von Januar
bis Julius als Sklave
des Staates wullackt!
Der Staat
steckt nicht in der Krise
der Staat ist die Krise.
So auch ist: die Krise System.
Und also: System das Feindesland.
Denn: Kapitalismus ist Krieg,
der an Verarmenden verübt wird.
Was tun?
Lass dein Leben
der Reibstoff sein,
der die Maschine zum Stehen bringt.

In Abwehr zu treten
                 gilt es gegen den Wahnmarkt,
                                  mit diesem Tag,
der den alten Gesellschaftsvertrag
                 für nicht mehr verbindlich erklärt.
Und seid darauf eingestellt:
                 Kampf braucht Gestalt.
Wer gegen Macht
                 gestalten will
                        braucht eine Schule der Gewalt.

SPELL FÜR DEN
KAMPFGESANG

Wenn aber der Staat
                 sich anmaßt
                        die Sprache,
dann ist sie der Platz,
                 auf dem ich ihn schlage
                                  Kraft meiner Klarheit.
Soweit herrscht Gewissheit:
                 Widerstand leisten
           bedingt die Bereitschaft
                        zur Leistung.
»Ich spreche von Bürgerkrieg,
                 um ihn auf mich zu nehmen,
um ihn in Richtung
                 seiner erhabensten Erscheinungsweisen
                                  auf mich zu nehmen.«

Weil allzeit geschieht,
        was Menschen
                in Menge erstreiten,
den Angriff gestalten
        und Reichweite geben !
Die Freiheit erstreben
        in jeder Art Arbeit !
Teilhabe heißt ja
        die Vergesellschaftung des Schaffens –
und wer ihr
        zur Hand geht,
                den setzt auch ins Recht
die Geschichte, stets
                eilend auf Seiten derer,
        die neue Wege
                zu bahnen bereit sind.
Die Zukunft ins Heute!
        Geschichte gemacht
        wird zum Taktschlag der Straße.
Ihr gilt
    meine Wahl,
        ihr geb ich das Wort.
    Denn so
        klingt die Kunst,
                den Kampf anzusagen.

VERWENDETE ZITATE

*Denn die Waffen sind nichts anderes als das Wesen der Kämpfer
selbst (...).*
Georg Wilhelm Friedrich Hegel, Phänomenologie des Geistes

Alte Tafeln
Friedrich Nietzsche, Also sprach Zarathustra

Leninisten mit Knarren
Kritik der Agit 883 an der RAF

Souverän ist, wer über den Ausnahmezustand entscheidet.
Carl Schmitt, Politische Theologie

Herausarbeiten MEINER aus dem Bestehenden
Max Stirner, Der Einzige und sein Eigentum

Handeln! Handeln!
Johann Gottlieb Fichte, Prüfung der Rousseauschen Behauptungen
über den Einfluss der Künste und Wissenschaften auf das Wohl der
Menschheit

Was tun?
Titel eines Buches von Nikolai Tschernyschewski, sowie W.I. Lenin

Lass dein Leben der Reibstoff sein, der die Maschine zum Stehen bringt.
David Henry Thoreau, Die Pflicht zum Ungehorsam gegen den Staat

*Ich spreche von Bürgerkrieg, um ihn auf mich zu nehmen, um ihn in
Richtung seiner erhabensten Erscheinungsweisen auf mich zu nehmen.*
Comité Invisible/Tiqqun, Einführung in den Bürgerkrieg

ANMERKUNGEN

Spell	Langgedicht der germanischen Lyrik mit großer Ausprägungsvielfalt. Meint: Aufruf, Beispiel, Zeitkommentar, Sinnspruch, Sage, Bericht, Vortrag, Kataloggedicht, Zauber, Verwünschung, Fabel, Gedankenlyrik.
Tafeln	»alte Tafeln«, aus Friedrich Nietzsches »Also sprach Zarathustra«, stehen für das Zerbrechen alter Denkschablonen
freier Geist	nach Hegel: selbstbewusster und -bestimmter Vernunftwille
Propaganda der Tat	Konzept des Anarchisten Michail Bakunin
Sichel	Umkehrung eines Spruchs der Propheten Micha und Joel. Hammer und Sichel: Symbole des Klassenkampfes.
Menschenzoo	Variante auf Peter Sloterdijks Begriff des *Menschenpark*
Zakynthos	griechische Insel, berüchtigt für Sozialhilfebetrug durch kollektives Vortäuschen von Blindheit
Limassol	Hafen auf Zypern, Hochburg von Russenmafia und Schwarzgeldwäsche
Keulenkiller	In der fünften seiner zwölf Arbeiten säuberte der griechische Sagenheld Herakles die Viehställe des Königs Augias in Elis
Platon	Griechischer Philosoph, reiste 388, 366 und 361 v. Chr. nach Syrakus und scheiterte alle drei Male dabei, als Politikberater Teile seiner Staatsphilosophie in die Praxis umzusetzen
Fakelakistan	Fakelaki, griech. »kleiner Umschlag«, Symbol der Korruption
Sancho	Sancho Pansa (»Wanst«), Figur aus Miguel de Cervantes Roman »Don Quixote« (1605/1615). Im Jahre 2012 weigerte sich die Provinz Katalonien, weiterhin Geld an die spanische Zentralregierung zu überweisen und forderte Unabhängigkeit
Müfti	Schariagelehrter, hier im übertragenen Sinne: Fürsprecher eines EU-Beitritts der Türkei

45. *Breite*	Breitengrad der Nordhalbkugel, der Nord- und Südeuropa trennt, südlich liegen die meisten Krisenstaaten des Kontinents
Kobold	der Leprechaun, irische Märchenfigur, die am Ende des Regenbogens einen Topf Gold versteckt hält
C-Suite	Offizierskader von Unternehmen: CEO, COO, CFO, CIO, CCO, CTO etc.
Selig	Anspielung auf die Bergpredigt und ihre Praxis im Kapitalismus
Delaware	US-Bundesstaat, The Diamond State, Standort von Hedgefonds, Briefkastenfirmen und Zweckgesellschaften
Bilderberger	Teilnehmer der jährlichen Bilderberg-Konferenzen für die Oligarchen der Globalisierung

DAS GROSSE GEGRABSCHE, DAS SICH GESELLSCHAFT NENNT.

Ausgewählte politische Gedichte
2006–2012

REPUBLIK AM RHEIN SO SCHÖN

tandaradei: wo es lieblichkeit blüht und arbeit
gedeiht in hülle und fülle du wahlsieg geübte
stolz deine schlösser und tröge für all des königs

rösser die du-ihr-sie-amtsanwärter einer geht
noch rein in den kampfverband und tsching-
derassa all des kanzlers berater knistern den

kitzen durchs fell du klösterlich schönste sei
unser heiter leib und trank bei all des kanzlers
kohlebaronen beim güldenen gesang auf wein

weib und laus freund feind entscheidend ist
was hinten raus wie des kanzlers eide im kanon
all der mutterwitzig geweihten kaplane da lass

dir's gefallen an kanzlers schelmenkollekte ja
was denn sollen all diese fragen aus der hecke
geschossen gar lustig ist die fragerei allzeit

auf grüner heid zum juchhei kanzlergedächtnis
und all die dementis – mitnichten was denn für
heilmannswaid – schallt röhren brünstig über

kühlsysteme landschaften treiben blüten mit
sicherheitsstreifen und aller spielmannszug des
kanzlers eins im reigen spielt bummtatabimbes

für kanzlers ländle klippklapp am rauschenden
bach tja waschtag ist zahltag – halt einspruch:
was denn für heitere taschen im lande tja

stattgegeben was heißt denn hier akten halt
einspruch und stattgegeben all den jokosen
oberamtsamigos im schlafrock genacktarschte

bundespuschel all die verdienstkreuzten tsching-
derassa gestreichzapften alle soviel heute wieder
von kanzlers konten kommen wir also zum wetter

OPERATIVER VORGANG

»kurzer prozess. weil ich humanist bin« (erich mielke)

singet den kadern und spielt das lied von zersetzung und hetze,
greift in die alte tschekistische leier, und wer überlebte,
zieh auf die saiten der rechthaberei. mal bitte bewegung

bei der ballade der elften brigade, der vers defiliere
mit leninschem geist und von stalin geschweißt der partei
erklinge harmonisch der antifaschistische schutzwall nach noten.

nur böse menschen, wisst ja, kennen keine lieder – das
nach allem was für die GETAN wurde, die fahnen rot
als die herzen erwacht, und solche BANDITEN...wühler,

antragsteller sowas. lauter als deren kantaten erschalle der
kampfgesang der nomenklatura: preist zwang und die zellen
der angst, lobt anpassung, mangel und seelenabspaltung!

in höchsten tönen, GENOSSEN, im pakt der bruderorgane,
treulich der richtlinie: dichtung zum dienstgebrauch, verschwiemelte
komik als spiel im tarntext, chiffriert euch die phrasenstarre –

lang geübte reflexe, verdichten kalküle in lyrik, seid auge
und abzug: HASS ist die wahre seele der akte, zeigt auf
wer wer ist, wer wen kennt, wer was denkt, wer wo pennt,

geruchsprobe ho-horrido ins glas hier zum operativen kontakt
am feinde, na kompromate eben, schon klar, was gemeint ist –
den freunden bietet doch an, im urlaub die primeln zu gießen ...

LÖBLICH, wenn in der handakte eure notate zischeln, kleinste
sprachschallfetzen liefern schon prost prost prösterchen
schönste befunde fürs nächste befragungsprogramm. da

sage noch einer, der sozjalismus hätte kein gold in der kehle!
genossen, nicht wahr, bisschen lustig, RÜHRT euch, ein lied,
schön wie nie. also, ideologische diversion sofort liquidieren.

dürft schmettern den diensteinheiten der linie, singe wem
ehrenschleife gegeben, ja du mit der künstlerlegende,
und du an den sichtlochkarten des regimegebietes und

du per vergütungszuschlag nach besoldungsverordnung,
du für das weltreisevisum, mit interkontakten, du IM feliks
am karteipaternoster, und du, denunziant anonymus:

jetzt zu der gitarre schlage, alle dreivier mit den roten spiegeln,
rein prophylaktisch kräfte zum schreiten bringen, zur strecke na
einbringen, dann soll auch hierbleiben, wenn man schon schießt,

ihr, die im land der ruinen ganz teil der zerrüttung, wo sich
widergeist regt, infiltriert mit der strikten gedankenmechanik
im dialektischen blickfeld. lagefilm ab fürs kollegium, sowie

zur realisierung spezifischer vorbeugungsKOMPLEXE einzu
setzen in die grundlagen der lageversetzung, feste front aus
schwild und schert im konfleks der VORbeugemaßvornahmen ...

insofern stimmt an bei sofortiger zuführung der isolierungs
objekte, um das noch deutlicher zu sagen. und DARUM
ein horrido, DAMIT misston enttarnt den gedankenverrat.

Legende:

»*ballade der 11. brigade*« – Lied von Ernst Busch aus den 1930er Jahren über die Internationale Brigade im Spanischen Bürgerkrieg.

»*aus leninschem geist*« – Zitat aus »Lied der Partei« von Louis Fürnberg (1949)

»*die fahnen rot als die herzen entfacht* – Zitat aus dem Lied »Die roten Spiegel«, Hymne des Stasi-Wachregimentes »Feliks Dzierzynski«

»*schön wie nie*« – Zitat aus der Nationalhymne der DDR von Johannes R. Becher (1949)

»*bruderorgane, handakte, wer-ist-wer, ideologische diversion, karteipaternoster, regimegebiet, IM, lagefilm, isolierungsobjekte, u.a.* – Lingua Stasi des MfS

»*prost, prost*« – aus Lieblingsliedern Erich Mielkes (1907–2000), Minister für Staatssicherheit der DDR, sowie weitere Sprachfetzen aus seinen Reden vor Genossen und MfS-Mitarbeitern

PHARMAMAMA (BY PROXY)

ganz die sanftmut sagt: zeit,
deine kapseln zu nehmen,
schatz. abrakahaps, und der
liebe schulfriede sieht sich
ritalsalabim gewahrt, wenn
pharmamama den drops der
sozialen erwünschtheit aus
der clutch kramt, so findet
mit mal das familienglück
zwischen babypilates und
kantonesisch   for   kids
wieder ungetrübt statt, da
jedes präparat das passende
krankheitsbild liefert, der
dividende sei dank, muss
mutti   auch   nie   wieder
lösungsmittel in die synap
tischen spalten pipettieren.

SIE MACHEN SICH KLEIN

geschreckt volk zwergen: rechtens aengst
ums herz. schnell sprech lernt, leck lernt.
zwerge zwaengt angestrengt denk-denk:
wer hat wes tellerchen verzehr gebechert?

schnellstens faehrt werkberg: volkes werkt
sehr werkel-werkel werkts im erzgefels,
haemmert und pechts zweck am drecken,
des regel jetzt des brot gegess. bekennt

volk sprechlein-deck-dich hat schwerst
zwergenspeck: es bestigens verkleckert,
wer denn klotz, denn volkspetzt schwaetzt
sehr gelenkt. feste bleckt zwergendenk!

DAUERALARM

Also das ist mit uns nicht zu machen!

Baut Barrikaden –
        trommelt das Jammerkartell zusammen!
VIVAT das große Gegrabsche,
        das sich Gesellschaft nennt.

Also das ist mit uns nicht zu machen!

Wahrlich, im Musterland des Handaufhaltens,
wo der soziale Friede die Torwand abgibt,
dass passend zur Sonntagsfrage
        irgendein Schwalbenkasper
        den Speck nach der Schwarte bolzt,

und Programmatschiks ihre Lebenslügen noch
        und nöcher tief in den Fressnapf lallen
        und machen einander
                den ewig glasigen Blick nach –
na bitte, wer halbwegs noch kann,
sieht den Handlungsbedarf gleich mal doppelt
        im Vollrausch des Vorruhestandes –

denn das ist an der Tagesordnung:
dass der Griff in die Tasche des Nachbarn
den Segen der Wilhelmstraße genießt –
                na wer wohl!

Weil schließlich doch alle nichts anderes wollen,
als was ihnen zusteht.
Was immer das sein mag!
Hasma 'ne Milliarde?

Während sich alles ans Füllhorn ranschmeißt
und die Beschenkten mit ganz frischem Stoff
ihren psychosozialen Verfall betreiben,
während landunter landab
die altneuen Seilschaften
klammheimlich hoffen,
dass der Abschwung auch ja bloß
direkt bei den Menschen ankommt,
jachtern Kassandren durchs Abendprogramm
und verwandeln es hasterklabaster
in eine Beschaffungsmaßnahme
für Schwarzmalerei, na also,
geht doch, die diagnostische Rasterfahndung.

Höchste Zeit für den Dreh am Daueralarm!

Denn das ist Programm:
hier in der Bonusrepublik, hier im Museum der
modernen Totschlagsargumente,
wo sich die Entmündigungszunft
immer neue Bedürftige züchtet,
und die seit Jahrzehnten
die Dampfkeulen schwingen,
in schaler Debattenluft
Nachtrag um Nachtrag beschließen zur Lage
der zugepumpten Nation,

lassen mal wieder, abrakadabra,
  gar mächtig Reförmchen rieseln,
weil schließlich noch jedes Abzockbrosam
seine dankbaren Abnehmer findet,
weil eh schon das Land
nichts weiter mehr ist als ein Schuldenstand,
  wo Demokratie soviel heißt wie:
  die Nazis könnten's wohl auch nicht besser.

Und was ist denn nicht faul im Staate Schilda?

Wo der nach dem Haken geschnappt hat
verlangt, dass auch alle anderen anbeißen sollen,
gefälligst, hierzulande, wo sich's immer noch
am besten mit der Kalkleiste im Kopp regiert,

wer will sich noch dazu bequemen,
  die Risiken eigenen Lebens zu tragen,
wo die Verdienste zukunftsweisenden Versagens
  seit je nach vollen Bezügen schreien –
weil da auch noch dies das und jenes
  geregelt sein muss kann und
    werden wird,

in diesem Lande, selbstfremd und abgebrannt,
  mit dessen Verstand
 es nicht mehr weit her ist.

EUROSKEPSIS

sieh an,
      eminenz leviathan !
               in großer spendierpose
                        knallt sich
     nen dicken schlag paragrafen
               ran an die waffel –
stoff für den zwangsstaat
           schlaraffia schlamafia !
(absatz)
    denn nur wo ein apparat herrscht,
    sprudelt der geldhahn sein bares.

(randziffer)   überaus überflüssig
                sind bloß die bürger
                im luftschloss zu brüssel.
so, freundchen,
         nicht mit mir !
              mach mal den akten-abflug,
flattermann der rue de la loi,
           zisch ab,
drache vom dienst !
       kannst deine kader
               dort am syntagmaplatz
    nach der hand schnappen lassen
              von der sie schmarotzen !

und was bedarf es nicht alles:
                amtlicher plazets
                                en masse
        zwecks antrag auf zuschuss
                        zur staatsinsolvenz ?
stehen ja schlange,
        die kandidaten euroträumer,
                                eben rasch
        beifall zu klatschen:
                die beste aller denkbaren welten
        wäre doch jene,
                die nicht im eigenen geldbeutel anfängt.
und schön
auf die schnelle
                entscheidet das scheinkabinett
                                von jenseits des rheins,
        dass es erneut
                an der zeit sei
                        nachbars kassen abzuräumen.

Zwei Praktiken

Essays zur Literatur

Vorwort – Immanenzpoetik und Transzendentalpoesie

Die folgenden Essays behandeln zwei gegenläufige Richtungen der zeitgenössischen Dichtung. Beide hatten in den letzten Jahren die auffälligsten literarischen Erfolge mit sehr unterschiedlichen Strategien der Aufmerksamkeitsökonomie. Zum einen zeigt sich eine vortragsbegeisterte Poetry mit dem Szenestempel des Spoken Word. Auf der anderen Seite steht eine hermetische Diskurslyrik, die mehr ein Ausdruck des Schreibens als des Sprechens ist. Das Spoken Word fand ein bundesweites Publikum, aber nicht die Publizität des Literaturbetriebs. Die Diskurslyrik publizierte sich in den Literaturbetrieb, fand aber kein Publikum.

Poetry wirkt als Ästhetik der Stimme, Diskurslyrik weist sich als Ästhetik eines Aufschreibsystems aus. Im ersten äußert sich eine *Stimme der Immanenz*, in der sich die Zustände von Welt und Menschenseele selbst zur Sprache und zu Gehör bringen. Diese Immanenzpoetik ist eine Sprache des Kündens, der sich selbst Ausdruck gebenden, weil aller Sprache innewohnenden Welt. Auf der anderen Seite steht eine *Schrift der Transzendenz*, die selbstreflexive Bewußtseinsinhalte in einer eigenen Kunstsprache zu fassen versucht. Diese Transzendentalpoesie ist Selbst-Apperzeption, will sich eigene Ursache sein und untersucht ihre Chiffren nach den Bedingungen der Möglichkeit von Erfahrung.

Ein Blick in die deutsche Geistesgeschichte zeigt, dass beide Positionen gleichermaßen in die Zeiten von Spätaufklärung und Frühromantik zurückreichen. So können die Arbeiten von Johann Gottfried Herder, insbesondere seine »Abhandlung über den Ursprung der Sprache« von 1772 und seine »Volkslieder« von 1778, als Beiträge zu einer Immanenzpoetik verstanden werden. Sie öffnen den Blick für den performativen Charakter der Sprache und begreifen Literatur kulturanthropologisch als Ausdruck eines sozio-kulturellen Umfelds. Der Begriff der Transzendental-

poesie wiederum stammt direkt aus Friedrich Schlegels Athe-
näums-Fragmenten 116 und 238 aus dem Jahr 1798. Dieses als
»progressive Universalpoesie« oder »Poesie der Poesie« bezeich-
nete Programm strebte die Verschmelzung von Lyrik, Kritik und
Philosophie an. Eine erkennbar metatextuelle Praktik.
Dass die Unterschiedlichkeit dieser Praktiken in ähnlicher
Form schon von den damaligen Zeitgenossen gesehen wurde,
zeigt Friedrich Schillers Essay »Über naive und sentimentalische
Dichtung« von 1795. Die seinerzeitigen Begriffe und gattungs-
theoretischen Implikationen dieses Modells sind unserem heu-
tigen Denken eher fremd. Moderne Lyrik ohne ein selbst- und
sprachreflexives Moment, egal ob vortragsbezogen oder für die
Druckreife gedacht, ist ohnehin nicht vorstellbar. Aus diesem
Grund soll für den Unterschied zwischen Spoken Word und Dis-
kurslyrik das Begriffspaar Immanenzpoetik und Transzenden-
talpoesie angebracht werden – keinesfalls aber als einzig mögli-
che Parameter für die Lyrik insgesamt. Sie beschreiben nur zwei
auseinanderliegende Punkte auf einer Skala vielfältigster indivi-
dueller Poetiken und fein austarierter lyrischer Synthesen, die
sich zumeist als die besseren erweisen.

Zieht ein Slam nach Irgendwo

Es war eine Chicagoer Jazz-Bar, die *Get Me High Lounge*, wo vor 25 Jahren ein Literaturformat die Bühne stürmte, das heute Autoren in aller Welt um sich schart: der Poetry Slam. Dieser Vortragswettbewerb, bei dem Autoren mit eigenen Texten auftreten und vom Publikum oder von einer Jury nach Punkten bewertet werden, fand eine Verbreitung, wie sie keiner Strömung der Avantgarde beschieden war. Doch so sehr der Slam mit den Jahren ein Teil der Unterhaltungskultur wurde, so sehr verlor das Format den Anschluss an die Literatur.

Dabei sieht die Szene auf den ersten Blick nach einer Erfolgsgeschichte aus. Noch nie in der deutschsprachigen Literaturgeschichte hatte es so etwas gegeben – eine Bewegung, die bis in kleinste Städte und Gemeinden hinein Menschen aus allen Milieus zu Literaturabenden zusammenführt und begeistert. Hervorgegangen aus rauchigen Keller-Clubs der Metropolen eroberte der Slam die großen Säle von Stadttheatern und Schauspielhäusern. Allein im deutschsprachigen Raum finden jährlich über 1000 Slam-Events an über 130 Orten statt. In allen Großstädten florieren Slam-Bühnen, in Städten wie Berlin, Hamburg und München sogar jeweils rund ein halbes Dutzend. Örtliche Veranstalter schicken ihre Lokalgrößen zu Landesmeisterschaften und jährlich trifft sich die Szene auf einem National Poetry Slam, zu dem sich Hunderte Autoren und Tausende Besucher einfinden. Zusammenhalt und Gemeinschaftssinn der Veranstalter und Autoren sind einzigartig. Und doch ist die Geschichte des Slam auch eine Geschichte der ungenutzten Chancen. Die kollektive Geschmacksbildung verflachte in dem Maße, wie sie sich eine konventionelle Sprachkleinkunst zum Maßstab erkor. Gerade in Deutschland wurde der Slam zum Sprachrohr eines affirmativen gesellschaftlichen Milieus.

Irreführend ist bereits der Name des Formats – *Poetry Slam* –, denn die Masse der Texte speist sich seit einem Jahrzehnt aus den Genres des Storytelling und der Comedy. Die begrenzte Lesezeit von meist fünf Minuten, die den Auftretenden für ihre Performance eingeräumt wird, führte zu Textformen, die ein unmittelbares Publikumsverständnis im Sekundentakt der Echtzeit anstrebten. So entwickelten Slam-Autoren mit der Zeit eine Literatur der Leichtlöslichkeit, zugängliche und massentaugliche Instant-Sprechtexte mit Tendenz zum Trivialen. Die Zuschauer mit Lust an leichter Kost gewöhnten sich nur allzu gerne daran. Die Autoren wollten bald mehr nicht bieten.

Bereits in den 90er-Jahren wurde von einzelnen Slam-Veranstaltern die Zuschauerzahl zum Gradmesser für den Eventerfolg erklärt. Die größere und damit für den Veranstalter lukrativere Arena unterstützte eine fatale Wechselwirkung von Massengeschmack und linearem Erzählen – es schlug die Stunde der humoristischen Gefälligkeitsprosa, die als Lesebühnentext für den Slam typisch wurde. Ihren Ausdruck findet sie in einem stereotypen Storytelling, dessen Texte und Interpreten austauschbar sind, weil sie nur einem einzigen Erzählmodell folgen: Es ist eine stets aus der Ich-Perspektive erzählte, ironisch und fiktiv-biografisch getönte Geschichte aus dem Alltag. Dieser Story-Typ ist über einen Zeitraum von gut zwei Jahrzehnten ein gleichbleibendes, völlig innovationsfreies Erzählmodell geblieben: Auf den Ebenen von Sprachschichten, Lexik, Stil und Fabel finden sich kaum Variationen oder Irritationen. Während der Erzähler die Nebenfiguren schablonenartig ins Bild treten lässt, stilisiert er sich selbst zum Leidtragenden kleiner Kränkungen durch die Zumutungen der gesellschaftlichen Wirklichkeit. In einer Serie von Pointen schlägt er zum Ende der Geschichte den imaginierten Beeinträchtigungen ein Schnippchen – es erfolgt die triumphierende Reparatur des narzisstischen Egos durch das eingeholte Publikumswohlwollen. Mit stilistischen Anleihen bei Glosse und Blog entstand so eine weitgehend einheitliche Schreibe, deren minimaler Wortschatz sich durch einen gehetzt klingenden Satzbau eine Spur Dringlichkeit zu geben versucht. Selbst der Vorlesestil der Autoren bemüht bis in die Satzmelodien hinein einen ähnlich klingenden Sound. Slam-Prosa stellt eine Einverständnis heischende Textform dar, deren Hauptmerkmal darin besteht, dass sie ihre Mehrheitsfähigkeit intoniert.

Zugespitzt zeigt sich dieses Phänomen im Genre der Comedy-texte. Als mit den 2000er-Jahren in vielen Städten Slam-Bühnen zum festen Bestandteil der Unterhaltungskultur geworden waren, fanden sich immer häufiger Kleinkünstler ein, deren Absicht nicht literarischen Belangen galt, sondern dem gewerbsmäßigen Witzereißen. Ihr Vorbild war das Comedy-TV, das in jenen Jahren einen festen Platz im deutschen Privatfernsehen fand – lange bevor es einem auf Häme trainierten Hanswurst gelang, das Berliner Olympiastadion mit einem johlenden Mob zu füllen. In einem Zeitraum von zehn Jahren errangen sechs Mal Comedians den Titel des nationalen Slam-Champions. Ihnen gereichte die Mischung aus Stand-Up, Punchlines und Rampengeilheit zu Auftritten im Quatsch Comedy Club oder kabarettistischen Kleinkunstpreisen. Inzwischen trifft die Gefallsucht der Slam-Comedians auf eine Zuschauerschaft, die medial verinnerlicht hat, als schenkelklopfende Masse mit abgesenkten kognitiven Fähigkeiten zu reagieren. Mit fließenden Grenzen zwischen Büttenrede, Rollenspiel und Improtheater üben histrionische Persönlichkeiten vor leicht zu gewinnendem Publikum für ihre Showprogramme. Im Format der Zurschaustellung wird die Zustimmung der Masse zur beherrschenden Funktion, das Beifallheischen im Vortrag greift zum Prinzip der ausnahmslosen Bejahbarkeit des Vorgetragenen.

Einziges Ziel der Comedy ist die Bejubelung eines zur Grandiosität aufgeblasenen Pickelherings durch das Publikum. Sie bedient sich eines Mechanismus des Auslachens und schafft einen Lustgewinn für beide Seiten – für den Comedian den Genuss eines Größenselbst und für die Zuschauer eine Lustigkeit, mit der sie sich gegen die vermeintlichen Tücken des Alltags gewappnet sehen. Der Performer, der dieses bedient, existiert nicht durch sich selbst, sondern richtet sein Begehren auf den bestätigenden Blick des Anderen. Seine Texte suchen Billigung auf eine Weise, die sich selbst literarisch billig macht. Man muss auch nicht Kultursoziologe sein, um zu erkennen, dass die Rollenfiguren der Comedy niemals der Oberschicht entnommen sind, sondern der Mittel- und bevorzugt der Unterschicht. Die Perfidie und Widerwärtigkeit der Comedy ist die Bestätigung der sich vertiefenden Klassenverhältnisse. So wie die Stand-Up-Comedy während der Industrialisierung als Ventil der englischen Klassengesellschaft entstand, ist heute der Sketch das Sedativum im Zeitalter von Globalisierung und Prekariat – kultureller Ausdruck von gesellschaftlichen Schichten, die sich die Scham über ihre soziale Deklassierung im Modus des Fremdschämens vom Leibe zu halten versuchen.

Dabei tritt in der Slam-Comedy wie auch in der Unterhaltungsprosa immer wieder ein Element des Sich-klein-Machens zu Tage: Mit dem Eingeständnis eigener Defekte als Demutsgeste gegenüber der Welt obsiegen Comedian und Zuschauer gemeinsam über die eigenen Unzulänglichkeiten. Am Ende kommen alle im Applaus über die letzte Pointe noch einmal davon. Doch die vorgetäuschte karnevalistische Frechheit der Posse ist in Wahrheit ein Akt der Unterwerfung. Das falsche Leben wird von der Comedy nicht enttarnt, sondern ausgeschmückt, denn nur aus ihm zieht sie ihren Lustgewinn und ihre Daseinsberechtigung. Letzten Endes mündet der humoristische Spannungsabfluss in einer Versöhnung mit den bestehenden Verhältnissen. Nicht Unbotmäßigkeit und Aufbegehren sind der Zweck, sondern eine Justierung für die Apparaturen der Gesellschaft.

Die vielen Slam-Videoclips im Internet dokumentieren eine Publikumszurichtung, in der das eingespielte Gelächter der Sitcoms real geworden ist. Ausgerechnet das Wesensmerkmal des Slam, die unmittelbare Publikumsbewertung von Literatur, schlägt zu seinen Ungunsten aus. So lässt sich am euphorisch reagierenden Slam-Publikum beobachten, was bereits Gustave Le Bon zur Psychologie der Masse bemerkte. In der Masse schwinden die Kritikfähigkeit und das Differenzierungsvermögen des Einzelnen. Suggestive Empfänglichkeit tritt an die Stelle kognitiver Verarbeitung. Wer beim Slam als Teil der Masse oder als Jurymitglied einen vorgetragenen Text zu bewerten hat, bleibt nicht mehr seinen eigenen Maßstäben treu, sondern setzt eine Bewertung an, die sich seiner Einschätzung nach mit den Meinungen der Mehrheit deckt. Dieses Muster ist vergleichbar mit dem Modell des »Beauty Contests«, mit dem John Maynard Keynes das Anlegerverhalten auf einem Finanzmarkt beschrieb. In diesem Sinne ist der Slam auch kein emanzipatives Gegenmodell zur kapitalistischen Gesellschaft, sondern eine kulturelle Farce, in der sich Performancegetriebenheit und Herdentrieb verstetigen.

Wer als Kritiker das Wort führt, tut gut daran, sich seiner früheren Worte zu erinnern. So muss ich mir eingestehen, dass einige meiner früheren Darstellungen des Slams allzu hoffnungsfroh waren. Noch 2005 erschien es mir ganz selbstverständlich und einleuchtend, dass ein freies Wechselspiel der Worte den Literaturgeschmack der Szene und die literarische Kraft ihrer Texte immer weiter hochschaukeln würde: »Unter der Maske der Unterhaltung verborgen ist das konzentrierte Gesicht einer kollektiven Geschmacksbildung. Die gegenseitige Aufmerksamkeit und der Austausch aller Beteiligten dienen dem Aushandeln und dem Ausdifferenzieren ästhetischer Präferenzen.« Im Nachhinein betrachtet, war damit wohl eher der utopische Gehalt des Slams beschrieben – das Gegenteil trat ein. Statt offener Debatten setzte sich der Frontalvortrag von der Bühne durch, der Spiel gestaltende Moderator wurde zum Nummernansager, über streitgesprächige Juroren und Zuschauer breitete sich ein Klangteppich aus Gejohle.

Seinen innovativsten Ausdruck fand der Slam anfangs und teilweise immer noch in der Lyrik, soweit sie dem Prinzip der Stimme gegenüber dem Prinzip der Schrift zu einem neuen Recht verhalf. Anthologien der Szene zeigen gerade in Gedichten eine Gedankenfülle in gebundener Sprache, die verblüfft und berührt. Anders jedoch als avantgardistische Bewegungen wie der Futurismus oder Expressionismus, die bereits innerhalb weniger Jahre einen einzigartigen lyrischen Textkorpus entwickelten, ist dies im Slam nicht geschehen. Sollte dies an der oft beschworenen Abwendung von der Schriftlichkeit hin zu Oralität, Vokalität, Lingualität liegen, würde darin auch ein Strukturproblem des Spoken Words offenbar. Viele Gedichte wurden mündlich vorgetragen, kein Buch hat sie aufbewahrt, sie sind vergessen wie die Namen ihrer Verfasser. Zudem ist die Zeitvorgabe beim Slam-Auftritt nicht immer ein Freund guter Lyrik. Sie verführt viele Poets dazu, nicht an der Verdichtung ihrer Texte zu arbeiten, sondern im Gegenteil ihr Textmaterial in die Länge zu strecken, um über die Zeit zu kommen.

Viele für den Live-Vortrag hin verfassten Texte beruhen auf einer Unterkomplexität, die dem ungeschulten Ohr beim Zuhören nicht zwingend bewusst wird. Eine bestimmte Spielart dieser Lyrik, die am Rap orientierte, sogenannte Slam-Poesie, beschränkt sich in Deutschland auf einen harmlos juvenilen Popsound, erreicht aber zu keiner Zeit die inhaltliche Bissigkeit ihrer amerikanischen Vorbilder. Ihre Sprachspiele suchen nicht das echte Wagnis, sondern erschöpfen sich exemplarisch in der Verwendung von Versatzstücken des Medienkonsums wie Slogans, Web-Jargon oder Anglizismen. Dieser seichte Sound erstarrt in Verniedlichung und massenkompatibler Geläufigkeit. Er dringt nicht ein in die Struktur der Sprache, in das Kraftfeld zwischen Signifikat und Signifikant, sondern bedient eine klingende Oberflächenästhetik. Diese Charakterisierung ist sicherlich nicht für die gesamte Lyrik zutreffend, die auf Slam-Bühnen vorgetragen wird, aber jedenfalls für das sehr augenscheinliche Phänomen der Slam-Poesie.

Diese naive Spoken-Word-Poesie verwendet in oft sehr durchschaubarer, weil kalkulierter Weise Verfahren des Reims und der Repetition. Klangmalereien in entsprechender Vortragsgeschwindigkeit erzeugen suggestive Überredungsmomente beim Zuhörer. Es sei der »akustische Zeitstrahl, auf dem Rhythmik, Klang, Assonanz, Dynamik und Wortsinn entlang gleiten können, um die Zuhörer in einen pulsierenden Sprachfluss zu reißen«, beschrieb einer dieser Poeten seine Ästhetik, die Form für Inhalt nimmt. Leider gilt auch hier: Was mit steter Frequenz auf sein Vorhandensein hinweisen muss, wirkt nicht aus seiner Substanz heraus. Die aufgesetzte Emphase der Sprechtexte bietet kaum mehr als schlichte Beschallung.

Gemeinsam ist den seriellen Vielfach-Rhymes des Raps, wie auch den Refrains und Repetitionsverfahren der Sprechtexte eine Persuasionsabsicht. Ihre Vervielfachung spiegelt das Prinzip der Werbung, nach der eine Botschaft nur oft genug wiederholt werden muss, um anzukommen. Dennoch dienen diese Mittel meist nur als einfache Bindemittel im Text, der Reim als Abzählreim. Das Ergebnis einer solchen Textproduktion ist weniger Lyrik als eine rein akustische und performancegetriebene Simulation von Lyrizität. Slam-Poesie folgt einem kulturindustriellen Kalkül von gefühliger Aufhübschung, die sich als Kitsch in Sprache entlarvt. Durchaus gibt es Sprechdichter, die für ihre Lyrik der sozialen Erwünschtheit mit Literaturpreisen ausgezeichnet wurden. Leider bieten sie auch für etwas anderes den Beweis: Bedeutende Dichtung entsteht selten dort, wo sich der Versorgungsposten im Kopf breit macht.

Konnte sich der Slam anfangs mit Bezug auf Beat und Punk noch als Ausweis von literarischer Diversion und sozialer Dissidenz ausweisen, so ist er inzwischen zu einem Vehikel schulischer Didaktik und gesellschaftlicher Formierung geraten. Als sich die deutsche Lehrerschaft nach dem PISA-Schock 2001 erschrocken die Augen rieb und sich in der Folge nach neuen Methoden sprachlicher Kompetenzvermittlung umsah, geriet ihr der Slam ins Blickfeld. Zur selben Zeit wandten sich auch Slammer mit Workshopangeboten an Schulen und entwickelten das Event-Format der U20-Slams für Minderjährige. Studienanfänger ohne eigenes literarisches Œuvre, aber gerade von der Schulbank auf die Hörsaalbank gewechselt, versuchten sich als Literaturvermittler bei Teenagern. Mit anderen Worten: Als es darum gegangen wäre, ein starkes Signal in die Gegenwartsliteratur zu senden, entschied sich die deutsche Slam-Szene dafür, ihr Publikum dort abzugreifen, wo es am leichtesten zu holen war. Eine

Verschulung setzte ein, die immer seltsamere Blüten treibt: ehrgeizige Mütter schicken ihre Teenager auf Lesebühnen, Jungslammer unterrichten Lehrer gewerbsmäßig in Slam-Seminaren und auf dem Buchmarkt finden sich Fibeln für Poetry Slams mit Grundschulkindern. Diese Ratgeber haben gemein, dass sie den alten Wein des Creative Writings in den neuen Schlauch des Do-it-yourself-Slams gießen. Aufgeblasen wird der übliche pädagogisch-didaktische Begründungsballon. Die Antwort auf die Frage, wie es denn möglich wäre, mit ein paar Stunden Slam-Workshop die Sprachdefizite vieler Jahre in den Griff zu kriegen, bleiben die Protagonisten notgedrungen schuldig. Aus einem autonomen Underground wird – ohne Notwendigkeit und ohne Nutzen für die Kunst – ein Baustein im Schulbetrieb und in der Jugendsozialarbeit. Was als Kunst der Metropolen begann, endet im Kinderferienprogramm von Kleinsiehstenicht.

So rühmt sich das Zentrum für Kultur- und Wissensdialog der Universität Koblenz-Landau, den Poetry Slam zum festen Bestandteil einer innovativen Lehrerausbildung gemacht zu haben, insbesondere der Persönlichkeitsentwicklung angehender Lehrer. Auch ihnen soll die Performance vor Publikum dazu verhelfen, die ersten Schocks des späteren Auftritts vor der Klasse abzumildern. Das Beispiel zeigt, dass es beim Schul-Slam weniger um die Berufsqualifikation der Schüler geht – denn diese findet nach wie vor eher in Betrieben und Firmen statt – sondern um die akute Berufsvorbereitung und Weiterbildung von Lehramtspersonal. Nur welcher Autorentyp mag in einem solchen Umfeld gedeihen? Dafür steht beispielhaft jene Mitte des 19. Jahrhunderts erfundene Figur des schwäbischen Dorfschullehrers Gottlieb Biedermaier, der zum Stellvertreter einer Epoche wurde. Und tatsächlich steht die heutige Slam-Literatur mit ihrer humoristischen Gemütlichkeit dem Biedermeier sehr viel näher als dem Jungen Deutschland.

Dass ausgerechnet ein ehemaliges Format des literarischen Undergrounds zur Stabilisierung der Unterrichtsgestaltung und der Unterrichtenden herhalten muss, ist von unfreiwilliger

Komik. Das ursprünglich streitbare Verhältnis zur Gesellschaft ist beim Slam nicht mehr zu erkennen. Ausprobiert wird im Rahmen des Erlaubten. Schlimmer noch: Unter dem Einfluss der Schulpädagogik wird künstlerische Kreativität zum Objekt von Leistungsbewertungen und versetzungsrelevanten Noten. In Anknüpfung an Jürgen Habermas ließe sich dieser Prozess als die Kolonialisierung einer (sub)kulturellen Lebenswelt durch das Bildungssystem beschreiben. Den Jugendlichen wird im Rahmen ihrer pädagogischen Zähmung ein autonomer Raum der Selbstbefreiung und Rebellion genommen. Es bleibt ihnen die Erfahrung, dass es keinen Bereich des Lebens gibt, in den sich nicht schon Staat und Gesellschaft mit ihren Institutionen einschreiben. Oder zugespitzter, im Sinne Michel Foucaults formuliert: Das Überwachungssystem des Schulbetriebes ergänzt ihren Deutschunterricht um eine weitere Disziplinartechnik.

Erste Anzeichen gibt es, dass der Slam bereits von politischen Akteuren als Vehikel für Gender- und Integrationsprojekte vereinnahmt wird. Wenn bereits Ministerien von Landesregierungen Slam-Projekte unterstützten und sich Szene-Vertreter des Wohlgefallens eines vormundschaftlichen Staates versichern, erklärt die künstlerische Autonomie ihren Bankrott. Man lese und staune, selbst das Goethe-Institut hält auf seiner Internetpräsenz Informationen für bilinguale Slams mit Schülerinnen und Schülern bereit: »Es geht uns bei der Arbeit mit Slam Poetry weniger um das detaillierte Textverständnis. Vielmehr geht es uns darum, die Entwicklung der emotionalen Kompetenzen auf Schülerseite zu fördern. (...) Dies ermöglicht das globale Verständnis des Kontextes und des Inhalts.« Man traut den Augen nicht – statt eines präzisen Eindenkens in Texte reicht neuerdings schon ein vager Eindruck vom Kontext.

Dass man das Slam-Format sogar in die Bahnen einer dogmatischen Weltanschauung lenken kann, beweist eine von jungen Muslimen in Deutschland ins Leben gerufene Veranstaltungsreihe namens »i,slam«. Die dort zu hörenden Texte werden im Vorfeld durchaus auch einmal überprüft, ob sie frei von sogenannter Blasphemie sind. Die islamischen Werte sollten gewahrt bleiben, teilen die Veranstalter mit, die Liebe zum Islam sei die treibende Kraft. The Prophet goes Pop? Das Format wirkt eher wie das Instrument einer Jugendmission innerhalb einer islamischen Parallelgesellschaft. Die Meinungsfreiheit, das höchste Gut der Literatur, soll sich an frömmiger Folgsamkeit ausrichten. Eine Ideologie, die Staat und Religion nicht trennt, stellt auch Kunst unter Kuratel. Der Gewinner bei einem solchen »i,slam«-Finale erhielt als Preis eine Kleinplastik der Kaaba sowie eine Reise nach Mekka. Es ist kein Preis für den Ausgang des Menschen aus seiner selbstverschuldeten Unmündigkeit.

Im Fachjargon für das deutsche Lehramt erscheint der Slam teilweise als Allheilmittel für den umfassenden Kompetenzerwerb von Schülern. All inclusive wird geboten: Sachkompetenz, Sprachkompetenz, Medienkompetenz, Selbst- und Sozialkompetenz, Handlungskompetenz und nicht zu vergessen interkulturelle Kompetenz, alles ganz leicht gemacht durch hübsch zergliederte Phasenmodelle und Tabellen zum Quick-Check. »Sogar die Kultusbehörden einiger Bundesländer wie Berlin und Bremen sind auf dieses Thema aufmerksam geworden und haben es als Lerngegenstand in ihre neuesten Bildungspläne und Curricula aufgenommen«, lässt ein Pädagogikverlag wissen. Demnach wäre Slam-Deutschdidaktik nun ausgerechnet im Bildungsplan derjenigen Länder verankert, die zuverlässig in sämtlichen Bereichen des PISA-Vergleichs als Schlusslichter auftauchen, oder besser gesagt, abtauchen. Alle sollen einmal mit Erfolg über die Latte springen, sagt die Didaktik im Stadtstaat, und malt dafür einen Strich auf den Boden. Da kommen sogar diejenigen rüber, denen die Hose in den Kniekehlen hängt. Womöglich gilt manchen die Kurzzeitsensorik von Styles, Moves und Tweets als kulturelle Errungenschaft, aber mehr als eine Eintagskultur lässt sich schwerlich darin erkennen. Weltkulturerbe steht für die Tiefe von Zeit und Raum. Wer in seiner Gesellschaft den kundigen Umgang mit Kulturleistung pflegen möchte, wird sich noch immer die Leitkultur erarbeiten müssen.

Der Fall des Schul-Slams offenbart, dass es sich bei dem von Pädagogen beschworenen Kompetenzerwerb in Wahrheit um einen formalen Performanzerwerb handelt. Seine Vermittlung interpretiert die Ausbildung von Wissen als ein Wissen über Vorführungseffekte. *Performance* heißt das Paradigma einer Gesellschaft der totalen Bewirtschaftung. Insofern spiegeln auch entsprechende Empfehlungen der Kultusverwaltungen eine Verwertungskultur, die den Menschen einer umfassenden Kompetitivität unterordnet. Schon auf anderen Feldern der Popularkultur war dies in den vergangenen Jahren zu beobachten. Seit im Jahre 2002 erstmals die Castingshow »Deutschland sucht den Superstar« im Fernsehen lief, wuchs eine ganze Generation mit Gesangs-, Tanz- und Modelwettbewerben auf, an denen sich ihr Verhältnis zur Wirklichkeit bemisst. Die Botschaft dieser Contests besagt, dass fehlende Befähigung durch Attitüde zu kompensieren ist. Es spiegelt sich darin die Geisteshaltung einer Dienstleistungsgesellschaft, die echte Expertise durch deren möglichst überzeugende Inszenierung ersetzt und ihr Belohnungssystem an Konformität ausrichtet. Lernziel: Beruf als Bühne.

Als wäre es nicht schon hinreichend fragwürdig, junge Menschen einem Wettbewerb und einer Auslese mit Selbstgeschriebenem zu unterziehen, so dient das Slam-Modell auf dieser Stufe der Eskalation der Einübung in die Konkurrenzgesellschaft. Erhellend wirkt der Kommentar eines Schulleiters im Fichtelgebirge, dessen Wirtschaftsfachschule einen Slam initiierte: »Damit betreiben wir nicht nur Sprachförderung, sondern die Schüler lernen auch etwas über Gestik, Mimik und natürlich Selbstdarstellung – und das ist im beruflichen Leben später von Nutzen.« Es ist die absurde Verkehrung des ursprünglich autonomen Kunstformats, wenn es dazu herhalten muss, Jugendlichen, sogar Kindern, auf spielerische Weise beizubringen, dass der Menschenpark von ihnen Performance erwartet. So werden Subjekte der Selbstüberwachung geformt, die dem Gesellschaftssystem von Nutzen sein sollen. Der Blick von außen wird verinnerlicht als Modus eines innerseelischen Dauer-Audits.

Festzuhalten bleibt, dass es kaum jemals in der Kulturge-
schichte eine literaturnahe Szene solchen Ausmaßes und Ver-
netzungsgrades wie im Slam gegeben hat. Strukturell vergleich-
bar wäre er allenfalls noch mit der russischen Proletkult-Bewe-
gung zwischen 1917 und 1920 – ein Vergleich, der aufgrund der
programmatischen Leere des Slam-Formates allerdings hinkt.
Obwohl die Szenestrukturen und ihre Events dem Slam funk-
tional den Charakter einer literarischen Bewegung geben, ist es
die Abwesenheit von Poetik, die den Slam von genuin literari-
schen Bewegungen unterscheidet. Symptomatisch dafür ist, dass
die Slam-Szene zu keiner Zeit ihres Bestehens zu einer poetolo-
gischen Debatte über ihre Ästhetik fähig gewesen ist. Nur zum
Vergleich: Diese Abstraktionsebene hin zur eigenen Programma-
tik war bei den Avantgardisten stets von Anfang an vertreten. So
wäre beispielsweise als Problem zu sehen, dass in Slamtexten das
Verhältnis zwischen Wirklichkeitsdarstellung und Darstellungs-
mitteln gänzlich unreflektiert bleibt. Die Gemachtheit von Spra-
che als symbolisch vermittelndes Referenzsystem ist kein Thema.
Die Zeichen sind immer das Gemeinte, beziehen sich unmittel-
bar und abgleichbar auf eine scheinbar gegebene äußere Wirk-
lichkeit. Dass Autoren solche Infragestellungen ihres Tuns nicht
leisten wollen, wäre durchaus zu verstehen. Doch liegt noch ein
anderer Verdacht nahe: Fehlt der Szene das kritisch-intellektuelle
Potential, um solche Diskussionen inhaltlich führen zu können?
Es scheint, dass der Slam derzeit vor allem die Bedürfnisse eines
jüngeren Literaturpublikums erfüllt, das sich mit andauernder
Ulk-Kultur wegduckt sowohl vor den Mühen der Kunst als auch
vor den gesellschaftlichen Umbrüchen, die sich ankündigen.

Wie konnte der Slam so schnell zum Opfer seines eigenen Erfol-
ges werden? Nichts täuscht den Slammer so sehr über die Güte
seines Textes wie der Applaus eines Publikums. Manche Slam-
mer, die sich von der Bühne nicht lösen konnten, hörten bereits
zu einem frühen Zeitpunkt auf, sich literarisch weiter zu entwi-
ckeln. So fördern viele Slambühnen die größten Fehler, die ein
Schriftsteller machen kann – sein Publikum zu unterfordern und

sein Talent zu vergeuden. Wo der Erfolg leicht zu haben ist, wird er auch auf leichte Weise gesucht. Viele selbst ernannte Slam-Stars rühmen sich hunderter Auftritte ohne zu sagen, dass alle mit einem kleinen Repertoire von zwei bis drei Texten bestritten wurden. One-Hit-Wonder und verglühte Slam-Sternchen, die noch vor Jahresfrist hochgejubelt wurden, säumen den Weg der Szene.

Ein Verdienst der Szene ist es gleichwohl, das Alltagsleben um ein Gemeinschaft stiftendes literarisches Kunstformat bereichert zu haben. Doch seine inneren Widersprüche sind für den Slam so grundlegend, dass sie auf längere Sicht nicht überwindbar sein werden. Was wird die Zukunft bringen? Grundsätzlich liegt der Schaffensimpuls in der individuellen Verantwortung: Nur wer sich verwahren kann gegen die Vereinnahmung durch gesellschaftliche Systeme und auch gegen das Unterhaltungspublikum, wird sich als Künstler behaupten. Vielleicht werden sich auch neue Strömungen aus der Slam-Szene entwickeln. Für den Moment bleibt nur zu sagen: Slam ist eine Phänomen des literarischen Lebens, aber keine Strömung der Literatur.

VERSCHROBENBOOKS. ZUR NEOHERMETISCHEN SCHULE

Zwei Arten von Autoren sah Oscar Wilde im England seiner Zeit am Werk: die Ungelesenen und die Unlesbaren. Heutzutage vereint der experimentelle Gegenwartslyriker beide in einer Person. Ihm ist das Kunststück gelungen, dass Lyrik in Deutschland unter Ausschluss der Öffentlichkeit stattfindet. Selbst der geneigte Kunde einer Buchhandlung pflegt jene Handvoll Bücher im hintersten Regal, deren Äußeres ihn Lyrik befürchten lässt, zu übergehen. Literaturfestivals, die den öffentlichen Lyrikvortrag seit einigen Jahren wieder verstärkt fördern, können nicht darüber hinwegtäuschen, dass diese Literaturgattung im Alltag nur noch auf einer Schwundstufe anzutreffen ist. Warum bleibt der angebliche Lyrikboom, der von der Gilde der Kenner immer gerne beschworen wird, der Gesellschaft verborgen? Die bemühten Lobeshymnen gelten einer publikumsfeindlichen hermetischen Lyrik, die auch dadurch nicht verständlicher geworden ist, dass sie in den letzten Jahren vom Sprachexperimentellen zum Bildhaft-Enigmatischen geschwenkt ist.

Über Jahrzehnte ist eine Sparte der Gegenwartslyrik entstanden, die mit ihrer Verkapselung zum Ausdruck bringt, dass ihr Leserin und Leser als geistreiche Partner nicht willkommen sind. Diese an Selbstabschaffung grenzende Publikumsverweigerung von Lyrikern hat sich selten so ausgiebig artikuliert wie in der Textsammlung *Helm aus Phlox*, veröffentlicht im Jahr 2011 von einer Autorengruppe aus dem Umfeld des kookbooks Verlags. Den VerfasserInnen mag eine Publikation in der Nachfolge des Jenaer Romantikerkreises und der Schlegelschen Transzendentalpoesie vorgeschwebt haben – auch wenn den Phloxhelmern das Fragmentarische stellenweise sehr gelungen ist, zeigen ihre Texte eine akademische Binnenfixierung, die sich nur eingeschränkt zur Außenwelt und zum Leser in Beziehung setzen kann. Sie lauscht dem Kammerton ihrer Selbstbezüglichkeit.

So macht sich auf rund 300 der 330 Buchseiten ein Poetolo-
gisieren wie dieses breit:»Im Gedicht ist das Gelingen der evo-
zierten Erfahrung Bedingung für das Gelingen der postulier-
ten Aussage, und umgekehrt.« Es ist das Wuchern von Meta-
text aus dem Geist des Seminarapparats. Den Verweisballast auf
Texte von Whitehead, Derrida, Deleuze oder Guattari müssen
die VerfasserInnen im Laufe ihrer Arbeit wohl zunehmend als
Bürde empfunden haben. Vom»mobilen Buckel« ist bedeutungs-
schwer die Rede. Doch auch die Abhilfe, die eine Stimme aus der
Gruppe für sich gefunden hat, stimmt nicht wirklich hoffnungs-
voll:»Noch immer trage ich schwer an meinem Buckel, jedoch
habe ich die Sammlung inzwischen zersprengt. Ich tat dies
zugunsten ihres Gegenteils, das, je nach Deutung, Debris, Zer-
streuung, Dissipation, Wegwurf genannt wird, ›brain in drift‹.«
Was sich in dieser Denkweise artikuliert, trifft auch zu auf
den lyrischen Stil der VerfasserInnen und anderer Vertreter der
modischen Hermetik: Gedichte werden zu phänomenologischen
Exerzitien, in denen Textpartikel nur auf sich selbst und mini-
male Wahrnehmungsnuancen rückverweisen. Nicht Sinngebilde,
sondern Sammelsurien von Sprachmaterial füllen die Seiten. Dis-
soziation ist an die Stelle von Assoziation getreten. Am Ende
bleibt ein Geschwafel, dem die Abstraktion zur Zwangshand-
lung geworden ist. Der»poeta doctus« von einst präsentiert sich
als»poeta messie«, der Lyriker als Verlorener im Flow des Fri-
ckelns. Diagnose: sprachliches Vermüllungssyndrom.
Der Einzug der Sprachskepsis in die deutschsprachige Lyrik
hatte als Folge zweier totalitärer Systeme im 20. Jahrhundert
nachvollziehbare Gründe. Hingegen ist der hermetische Stil, wie
er am Anfang des 21. Jahrhunderts praktiziert wird, eher eine
Rückwärtsgewandtheit in Folge akademischer Überkompensa-
tion. Die Lyrikerinnen und Lyriker dieses sprachphilosophischen
l'art pour l'art, die vor allem in Kleinverlagen wie kookbooks,
roughbooks oder Luxbooks publizieren, benennen gern ihre
Vorgänger an der Schwurbelkurbel: Mayröcker, Pastior, Kling,
Erb, Ashbery – Ergebnis ist ein exaltierter Neohermetismus, der

die Lyrik ad absurdum führt, weil sie sich nicht mehr der Außenwelt mitteilen kann. Lieber improvisieren sie auf den Registern der Semiotik, simulieren auf beredter Metaebene das eigene Verstummen oder lenken ihren Redefluß ins Uferlose einer Diskurslyrik. »Kollektive Zeilenlehre im Status Quatsch«, bescheinigt sich der Text an einer Stelle. Spleeniger Humor und nölige Flapsigkeit können über das Fehlen sozialer Intelligenz nicht hinwegtäuschen. Als Kommunikationsersatz für ein menschliches Gegenüber müssen dann Gegenstände, Tiere und Dingwelten herhalten, die mit kuriosen Anrufungen ins Spiel gebracht werden. Störung prägt den Stil. Auch klingt die hier und da vorgebrachte Ironie seltsam solipsistisch. Ein Symptom der Selbstisolierung ist die Beschwörung eines lyrischen »wir«. Will der Künstler die eigene Person im »wir« vervielfachen, um wenigstens sich selbst Gesellschaft zu sein? Ist es ein trotziges »wir gegen den Rest der Welt« einer sich selbst genügenden Dichterclique? Es ist ein Plural ohne Publikum.

Kaum beginnt sich mein kritisches Bild beim wiederholten und stellenweise zermürbenden Lesen des *Helm aus Phlox* zu festigen, stoße ich allerdings auf folgende Stelle: »Geschmack erfordert, Vorstellungen, seien sie falsch, abstrakt, solide oder fremd, für voll zu nehmen: weder sie abzutun, noch mit einer falschen Auffassung von ihnen süßlich und absichtlich Nachsicht zu üben.« Es ist dieser Satz, der mich ins Grübeln bringt und mir vor Augen führt, dass das Buch über sehr viele solcher ausgeklügelten und überraschenden Wendungen verfügt. Zweifellos hat der Text auch etwas Wunderbares – er führt in die Offenheit des Denkens. Ganz bei sich seiendes Denken, das zu Rate geht, fragt, wendet, abwägt, sich zur Ordnung ruft, sich aus aller Gewohnheit vertreibt, sich jeder nur erdenklichen Mühe unterzieht auf seinen Erkenntniswegen. Und dabei immer eines ist: herausfordernd und lohnend für die Klärung einer eigenen Position. Kritik aber muss zuspitzen, muss ihre Spitze sogar noch mit Widerhaken versehen.

Was bewegt unsere hermetischen Zeitgenossen, die das Kunstwerk als Artefakt der Abstraktion propagieren? Ihnen scheint es vor allem darum zu gehen, ihre Diskurslyrik mit symbolischem Kapital für die Aufmerksamkeitsökonomie des akademischen Literaturbetriebs aufzuladen. Ist doch für die Lyrik festzustellen, dass teilweise über die Netzwerke und Mechanismen des Literaturbetriebs ein Anreizsystem geschaffen wurde, das vor allem dem Abstrusen zu betriebsinterner Beachtung verhilft. Dafür haben sich seit der Jahrtausendwende regelmäßig die Verleihungen des Leonce-und-Lena-Preises zu einem zuverlässigen Indikator entwickelt. Unter diesen Bedingungen ist es für Dichter offenbar zweckrational, am Publikum vorbei zu schreiben. Ihre erkennbaren Bemühungen, sich gegenseitig mit Rezensionen zu bedenken, reihum in Anthologien aufzunehmen oder einander durch Jurorentätigkeiten mit Auszeichnungen zu dekorieren, öffnet die Tür vom individuellen zum systemischen Versagen.

Einige Gegenwartslyrikerinnen und -lyriker pflegen einen entpersönlichten und technizistischen Ton. Die dabei entstehende Sprache wirkt so entfremdet und in sich gekehrt wie ein Mensch, der mit sich selbst nicht glücklich ist. Stehen die Schreiber in kognitiver Dissonanz zum eigenen Tun? In der Verweigerung kommunikativen Handelns, mit der diese Lyrik ihren Eskapismus gegenüber der Welt pflegt, erscheint sie als Ausdruck einer tief verinnerlichten Handlungshemmung. Leider hat der deutsche Literaturbetrieb die unrühmliche Tradition entwickelt, das Scheitern ihrer Dichter zu verklären. Zugespitzt: Erst der Status als klinische Fälle, Suchtkranke, Selbstmörder, politische Irrläufer oder verschwurbelte Sonderlinge auf der Flucht ins eigene Oberstübchen schien heimische Dichterinnen und Dichter zur Aufnahme in den Lyrikkanon zu berechtigen. Wer glaubt, dass zerfallende Seelen per se Vertreter einer besseren Welt sind, darf sich von diesem Irrtum freimachen. Schon gar nicht sollte er eine Bedingung der Möglichkeit lyrischen Schaffens darin sehen.

Das Fremdeln experimenteller Lyriker mit der Welt und ihre Teilnahmslosigkeit gegenüber den Mitmenschen beschert den

Gedichten vielfach eine erkennbare Belanglosigkeit der Sujets. Inhaltliche Banalität kommt mit Abstraktion kaschiert daher. Dass diese dissoziative Stückel-Lyrik kein Gehör in der Gesellschaft findet, liegt sprichwörtlich an ihrem Stimmverlust – sie denkt den eigenen Sprechakt und ihre Präsentierbarkeit nicht mehr mit, es fehlt ihr an Atem, an tragender Stimme. Es ist eine Lyrik der Schrift. Aber bevor es eine Lyrik der Schrift gab, gab es eine Lyrik der Stimme.

Darum ist gute Lyrik auch Physis in Sprache – eine Lyrik, die das Nervensystem aktiviert, sich in das Gedächtnis des Körpers einprägt. Eine Stimme der Affekte, Lautbildung, die ihr Gegenüber sucht in Leiblichkeit und Geistigkeit. Lockruf, Warnschrei, Flehen, Verherrlichung, Wechselrede. Gebet an die Gottheit und Verspottung des Nebenmenschen. Die Lyrik der Griechen war eine Lyrik, zu der es sich tanzen ließ, mittelalterliche und romantische Lyrik ließ sich immerhin noch singen, avantgardistische Dichtung deklamieren. Hingegen: Hermetische Lyrik ist Text ohne Anklang.

Ihr Ansatz ist auch deshalb so fragwürdig, weil ihre Unstrukturiertheit, ihre Themen- und Gefühlsarmut den grundlegenden kognitiven und emotionalen Verstehensprozessen des Menschen zuwiderläuft. Das Gehirn ist davon fasziniert, Sinneinheiten zu bilden, zu verknüpfen, zu antizipieren, neue Gedanken zu entdecken, die eigenen Gefühle gespiegelt zu sehen. So wie die Sinne nach Reiz verlangen, liebt es das Gehirn, beschäftigt und verzaubert zu werden, in fremde Emotionen und Lebenserfahrungen hineinzublicken, Rätsel zu lösen. Fremdes Denken am eigenen abgleichen zu können, ist das Erlebnis von Geistesverwandtschaft, der Genuss, ebenfalls verstanden worden zu sein. Diese Lust am Lernen und Verstehen, sogar am Durchschauen und Durchschautwerden, ist die Selbstbelohnung des Geistes. Die Ungegenständlichkeit der hermetischen Lyrik macht sie für die kognitiven Felder des Cortex gegenstandslos. Das poetologische Beharren auf einer angeblich wertvollen Sperrigkeit von Sprachkunst wird von der Leserschaft zu Recht als verquer erkannt.

Seit je ist das Menschsein das Thema der Dichtung – doch ausgeprägte seelische Qualitäten oder kluges Engagement sucht man in der Gegenwartslyrik fast vergebens. Wo liest man glaubwürdige Erschütterung, herzhafte Freude oder verzweifelte Sehnsucht? Wo inneres Ringen um Fassung? Wo fröhlichen Spott, quälende Trauer oder beherrschten Zorn? Dieses aber war prägend in der großen Dichtung aller Zeiten und Länder – von Catull bis Neruda, von Sappho bis Hildegard von Bingen, von Sandburg bis Ginsberg, von Brecht bis Brasch, um nur willkürlich einige zu nennen. Menschheitslyrik – in ihrer Feier und Klage des Lebens, in allem Glanz und in allen Schattenseiten – in ihr möchten sich Menschen wahrgenommen und erkannt fühlen. Der *Helm aus Phlox* aber vermeldet nur: »Empathie / hiezu / gibt es nicht eben viel zu sagen.« So rutscht Nerdigkeit ins Autistische.

Zugutezuhalten wäre den Neo-Hermetikern immerhin, dass sie die Grenzen der vorfindlichen Sprache immer wieder überschreiten und neue Blickwinkel eröffnen. Doch erst im Verinnerlichen, Nachdenken, Sprechen und Verstehen von weltabbildender Dichtung finden Menschen den Sinn dieser Kunst. Damit ist keine Innerlichkeit, keine aufgeregte Konfessionalität gemeint, sondern eine Subjektivität, die sich selbst verobjektivieren kann, sich in einen Bezug zu den wirklichen gesellschaftlichen Verhältnissen setzen und mit den Menschen ihrer Zeit im Gespräch leben und an die Arbeit gehen kann.

Um dies an einem Beispiel zu zeigen, sei noch einmal auf eine Passage aus dem Anfangskapitel von *Helm aus Phlox* verwiesen. Ihr Verfasser vergleicht das für ihn »perfekte Gedicht« mit dem Bild »Die niederländischen Sprichwörter« von Pieter Bruegel d. Ä., das er als einen »Naturalismus der reinen Abstraktion, der reinen Virtualität« beschreibt. Für sein Dichterhandwerk leitet er ab: »Ich ziele in meiner Textproduktion ununterbrochen auf genau das: auf Gestiken der Unmittelbarkeit jenseits irgendeiner Konkretion.« Jenseits des Konkreten, so ließe sich dieser Satz kommentieren, wird die Gestik zum leeren Gestikulieren. Zudem beruht sein Eintreten für Abstraktion auf einer falschen

Lesart des Gemäldes, denn der Autor verengt seine Perspektive auf propositionale Strukturen, und dies in einer Weise, die an die Frühzeit des Formalismus erinnert. Die bessere Deutung von Bruegels Gemälde ist eine pragmatische. Der Maler verbildlicht in seinem Werk Sprachhandlungen eines lebensweltlichen Wissens, die sich ihrerseits bildhaft auf menschliches Verhalten beziehen – wenn man so will: eine symbolische Illustration sozialer Interaktionen. Selbst dort, wo Bildelemente zunächst emblematisch wirken, liegt die Deutung dem Volksmund auf der Zunge. Die dargestellten Sprichwörter, gewissermaßen Ausdruck alltagsgesättigter Verhaltensforschung, beziehen sich nicht nur auf menschliche Laster, Fallacies, Ticks, Macken, Fehlentscheidungen oder soziale Verhaltensanomalien, sondern rücken sie zugleich in den Zusammenhang einer Gesellschaft, die bis zur Verblödung um Erwerb rotiert.

Die Szenerie steht gleichnishaft für das Ganze der Gesellschaft. An einer Hauswand hängt ein Weltzepter mit dem Kreuz nach unten – der Betrachter wird Zeuge einer verkehrten Welt. Die virtuell dargestellte Siedlung in Brabant und die Märkte des beginnenden globalen kapitalistischen Zeitalters haben einen gemeinsamen Nenner: den Menschen selbst. Das Verhalten dieses homo oeconomicus ist so vorhersehbar, dass sich selbst der Teufel zu Tode langweilt. Dem Leibhaftigen, mit griesgrämigem Ennui inmitten des Wimmelbildes dargestellt, bleibt nur noch der Weltekel angesichts all des Raffens, Gierens, Pfuschens, Klammerns, Schluderns, Übervorteilens und Betrügens um ihn herum. Es gibt kein richtiges Leben im falschen, ließe sich mit Adorno die Bedeutung des Gemäldes zusammenfassen. Bruegels Bild überzeugt durch seine Zugänglichkeit, für die es keine Schriftgelehrsamkeit braucht. Ein Kleinbauer des 16. Jahrhunderts konnte das Kunstwerk mühelos mit seiner Lebenswirklichkeit in Übereinstimmung bringen. Tatsächlich sind »Die niederländischen Sprichwörter« eine Verschmelzung von Ästhetik und Ethik.

Was im *Helm aus Phlox* über die Geltungskraft engagierter Kunst gesagt wird, lohnt abschließend einen genaueren Blick. So heißt es dort:»Lyrische Texte können selbstverständlich auch als Mittel politischer Kämpfe im engeren Sinne verwendet werden; dies kann in vielen Situationen unausweichlich oder geboten sein. Allerdings reicht es meistens eben nicht aus, Texte zu produzieren, die bloß Mittel und nicht auch Zweck sind. Es reicht also nicht, wenn Texte irgendwelche Sachverhalte bloß repräsentieren, wenn sie bloß anklagen und auf zu behebende Mängel und Probleme hinweisen, oder wenn sie selbst bloß utopisch sind. (...) Lyrische Texte müssen selbst unmittelbar *etwas Positives sein*, nämlich ästhetische Erfüllung bieten.« Ich denke, bei allem Zuspruch zum kunstvollen Umgang mit der Sprache, dass beim politischen Gedicht der Zweck ästhetischer Erfüllung keinesfalls wichtiger zu werten ist, als die dichterische Angriffshaltung gegenüber gesellschaftlichen Verhältnissen. An Dada-Gedichten ließe sich etwa zeigen, dass gerade der Angriff auf den herrschenden Geschmack eine starke literarische Durchschlagskraft entwickeln kann.

Leider drücken sich die VerfasserInnen des *Helm aus Phlox* etwas vage aus, wenn sie die Funktion politischer Lyrik darin sehen,»die Figuren des gesellschaftlichen Ganzen und der Hegemonie selbst als performativ wirksame Erzählungen zu erkennen und sie zusammen mit politischen Visionen als *Ästhetiken* menschlichen Daseins zu analysieren, als wirkliche Kunstwerke im Medium menschlichen Kollektivverhaltens.« Hier scheint mir der Zusammenhang von Ästhetik und Ethik, von Theorie und Praxis entkoppelt worden zu sein. Es ergibt keinen Sinn, die realen Machtgefüge staatlicher Kontrolle, der kapitalbildenden Ausbeutung oder der Verfügungsgewalt über Produktionsmittel und das eigene Leben lediglich als »Ästhetiken menschlichen Daseins« zu betrachten, denn es hieße, vor der Materialität der Wirklichkeit in die Zeichensysteme zu fliehen. Vorerst bestätigt sich der Eindruck: Die neue hermetische Lyrik will nicht Stellung beziehen in der Gesellschaft, nicht als Kunst dorthin gehen, wo es dem politischen Comment und der sozialen Erwünschtheit weh tut – sie ist intellektueller Kleinmut, postmodernes Ornament, Dekoration für den schalltoten Salon bildungsbürgerlicher Dekadenz.

Veröffentlichungshinweise

Die Gedichte *republik am rhein so schön* (vormals *rhenania republic*) und *Daueralarm* wurden erstveröffen:licht im Band *szene.leben*, Passagen Verlag, Wien 2009

Das Gedicht *euroskepsis* wurde erstveröffentlicht im Band *wahnpalast*, hochroth Verlag, Berlin 2012

Das Gedicht *sie machen sich klein* wurde erstveröffentlicht im *Jahrbuch der Lyrik* 2013, DVA, München 2013

Der Essay *Zieht ein Slam nach Irgendwo* erschien in einer früheren, gekürzten Fassung als Artikel unter dem Titel *Histrionen an der Resterampe* in der Süddeutschen Zeitung, Ausgabe vom 9.11.2012